Mette Bartels

Rezension zu Brigitte Hamann: Elisabeth. Kaiserin wider Willen

Die Entzauberung eines Prinzessinnen-Märchens

GRIN Verlag

Bibliografische Information der Deutschen Nationalbibliothek:

Die Deutsche Bibliothek verzeichnet diese Publikation in der Deutschen National-
bibliografie; detaillierte bibliografische Daten sind im Internet über http://dnb.d-
nb.de/ abrufbar.

Impressum:

Copyright © 2012 GRIN Verlag GmbH
Druck und Bindung: Books on Demand GmbH, Norderstedt Germany
ISBN: 978-3-656-44162-5

Dieses Buch bei GRIN:

http://www.grin.com/de/e-book/210320/rezension-zu-brigitte-hamann-elisabeth-
kaiserin-wider-willen

GRIN - Your knowledge has value

Der GRIN Verlag publiziert seit 1998 wissenschaftliche Arbeiten von Studenten, Hochschullehrern und anderen Akademikern als eBook und gedrucktes Buch. Die Verlagswebsite www.grin.com ist die ideale Plattform zur Veröffentlichung von Hausarbeiten, Abschlussarbeiten, wissenschaftlichen Aufsätzen, Dissertationen und Fachbüchern.

Besuchen Sie uns im Internet:

http://www.grin.com/

http://www.facebook.com/grincom

http://www.twitter.com/grin_com

Rezension zu

Brigitte Hamann: Elisabeth. Kaiserin wider Willen

Die Entzauberung eines Prinzessinnen-Märchens

„Ihr lieben Völker im weiten Reich – so ganz im Geheimen bewundere ich euch: da nähret ihr mit eurem Fleische und Blut gutmütig diese verkommene Brut." Zeilen aus dem Tagebuch einer Kaiserin, die keine sein wollte: Elisabeth, Kaiserin von Österreich und Königin von Ungarn. Bei diesem Namen haben die meisten die junge Romy Schneider in Marischkas Sissi-Trilogie der 1950er Jahre vor Augen: Elisabeth als pflichtbewusste Monarchin, liebende Gattin, treusorgende Mutter und lebensfrohen Familienmenschen – quasi das „süßes Hascherl", wie der Wiener sagen würde, und aufopfernde Kaiserin in einer Person.

Die deutsch-österreichische Historikerin Brigitte Hamann räumt in ihrer Biographie „Elisabeth. Kaiserin wider Willen" kräftig mit diesem romantischen Kitsch-Bild auf. Wer weiter an das süße Sissi-Klischee glauben möchte, sollte das Buch von Hamann lieber nicht zur Hand nehmen. Schon die korrekte Schreibweise des Spitznamens mit nur einem „s" in der Mitte dürfte bei eingeschweißten Sissi-Fans auf Skepsis stoßen. Brigitte Hamann zeichnet in ihrer Biografie den Lebensweg einer Kaiserin nach, die zu den gebildetsten und interessantesten Frauen ihrer Zeit gehörte: Durch monatelange Reisen entfloh sie der verhassten *„Wiener Kerkerburg"*, lernte Sprachen, las die griechischen Philosophen im Original, absolvierte täglich ein exzessives Sportprogramm und vergötterte ihre, schon zu Lebzeiten bewunderte, legendäre Schönheit. Entgegen aller romantischer Vorstellungen über die Kaiserin, nahm Sisi in ihrem egozentrischen Lebensstil weder Rücksicht auf Ehemann, Kinder und Familie, noch auf ihre gesellschaftliche Stellung als Regentin eines riesigen Vielvölkerreiches. Elisabeths lebenslanges Streben nach Selbstverwirklichung und persönlichem Individualismus, verbunden mit ihrer (geheimen) Abneigung gegenüber der Aristokratie spiegeln neben dem Seelenbild einer zutiefst unglücklichen Frau, auch die antimonarchistischen Ideen der Gesellschaft im späten 19. Jahrhundert wider. Hamanns, bereits zum Standardwerk gewordene, Biographie entzaubert mit Hilfe von bis dato unbekanntem Quellenmaterial entzaubert den Elisabeth-Mythos.

„Ich will wissenschaftlich fundiert schreiben und ich will Leser haben", brachte Brigitte Hamann nach Erscheinen der Biographie in einem Rundfunkinterview ihre Ambitionen als Autorin klar auf den Punkt. Dies dürfte in den 70er Jahren des 20. Jahrhunderts in der Geschichtswissenschaft eine schwierige Aufgabe gewesen sein. Die soziologische Arbeitsweise, überwiegend geprägt von Statistiken und Nüchternheit, war in der damaligen Geschichtswissenschaft üblich. Als Hamann begann ihre historischen Biographien zu schreiben lag sie also damit keineswegs im Trend. Biographien galten als unwissenschaftlich und indiskutabel für die Geschichtswissenschaft. Sogar Hamanns eigener Ehemann, ein angesehener Wiener Geschichtsprofessor, hatte Angst, seine Frau würde ihn vor den Wissenschaftskreisen blamieren. Brigitte Hamann setzte ihren rheinischen Dickschädel jedoch durch: Auf der Grundlage akribischer Quellenarbeit in den Archiven und der Überzeugung keine Heldengeschichte zu schreiben, sondern durch eine Biographie auch die Geschichte einer bestimmten Zeit aufzuschlüsseln, verfasste sie ihre Dissertation über Kronprinz Rudolf von Österreich – ein Erfolg.

Aus der Rudolf-Biographie ergab sich dann zwangsläufig auch die Beschäftigung mit seiner Mutter Kaiserin Elisabeth. Schon bei der Arbeit über den Kronprinzen durchforstete die Historikerin viele Quellen auch über die Kaiserin. Sie fand heraus, dass in der Schweiz ein riesengroßes Manuskript der Kaiserin Elisabeth liegt: Ihre Gedichte, die sie heimlich geschrieben hat, gegen den Kaiser, gegen die Monarchie, gegen die kaiserliche Familie. Zu Lebzeiten verfügte Elisabeth, dass all diese Schriften 60 Jahre nach ihrem Tod veröffentlicht werden sollten, was aber nicht geschah. Bis Brigitte Hamann sich dessen annahm, die Gedichte edieren ließ und herausgab. Aus diesem spektakulären Quellenfund ergab sich dann die Biographie über eine vollkommen andere Person Elisabeth. Während alle Welt der rührseligen Geschichte von der schönen Kaiserin nachhing, zeigte Hamann durch die neu endeckten Schriften egozentrische, machtbewusste und rücksichtslose Charakterzüge der Kaiserin auf, die sie zur Verwirklichung ihrer persönlichen Lebensvorstellungen einzusetzen versuchte und letztendlich dennoch daran zerbrach.

Die bisher unbekannten Gedichte, im Umfang von über fünfhundert Seiten aus den 1880er Jahren, bilden die Grundlage der Elisabeth-Biographie. Die Schriften bringen intimste und persönlichste Aussagen der Kaiserin über sich selbst, ihre Umwelt und ihre Zeit ans Licht, zeigen aber auch deutlich ihr persönliches Scheitern: Elisabeth erhoffte sich durch die Veröffentlichung ihrer Schriften in erster Linie Nachruhm als große Dichterin, wobei die Gedichte, literarisch betrachtet, dazu bei weitem keinen Anlass geben. Vielmehr stellen sie Quellen zur Geschichte der Habsburgermonarchie dar und sind zeitgleich Zeugnisse für das Denken einer aufgeklärten Aristokratin des 19. Jahrhunderts (S. 13). Des Weiteren geben sie Einblick in die gesellschaftlichen Strukturen und Vorstellungen des durch Umbruchstimmung gekennzeichneten „nervösen Jahrhunderts". Dass die Kaiserin ihre Gedichte, welche sie zweifelsohne als ihren wertvollsten Nachlass betrachtete, ausgerechnet einer Republik anvertraute kennzeichnet am direktesten ihre Ablehnung gegenüber der Habsburger Monarchie und der kaiserlichen Familie. Diese neuen Quellen ergaben letztendlich ein vollkommen anderes Bild der Kaiserin, welches der traditionellen Sichtweise des ersten Elisabeth-Biographen Egon Ceasar Conte Corti aus dem Jahr 1934 in vielem widerspricht. Als kaisertreuer Anhänger der Habsburger Monarchie beschönigte er das Bild der Kaiserin, indem er seine benutzten Quellen (Tagebücher, Aufzeichnungen und Korrespondenzen der Familienmitglieder, Hofdamen und Vertraute der Kaiserin) so verarbeitete, dass das schöne Kaiserinnen-Denkmal nicht zerstört wurde. Auch Hamann benutze zusätzlich zu den Gedichten der Kaiserin selbige Quellen wie schon Corti, filterte diese jedoch nicht (S. 15).

Brigitte Hamann zeichnet in ihrer Biographie den Lebensweg einer, für die damalige Zeit, modernen Frau nach, die sich ihr Leben lang nicht mit ihrer Rolle als Kaiserin identifizieren konnte und ihrem Umfeld mit Rebellion und Abneigung entgegentrat. Das 660-seitige Werk ist in 14 Kapiteln mit weiteren Unterkapiteln gegliedert. Mit Mittelteil befindet sich eine 32-seitige Bilderserie mit insgesamt 57 Abbildungen und Fotografien.

Durch Hamanns Quellenverarbeitung ergibt sich eine monochrome und ambivalente Persönlichkeit der Kaiserin, die sich ab dem Zeitpunkt der arrangierten Hochzeit mit Kaiser Franz Joseph von Österreich auszubilden begann. Die erst 16-jährige Braut aus dem Hause Wittelsbach erfuhr in Bayern eine freie, unkonventionelle Erziehung und war freilich mit dem strengen Zeremoniell am Wiener Hof, der resoluten Schwiegermutter und ihrer Rolle als Ehefrau maßlos überfordert (Kapitel 1-3). Elisabeth, die sich in erster Linie als Privatperson verstand, litt immer mehr unter der Hofetikette und den damit verbundenen familiären Streitigkeiten, bis sie (psychosomatisch) erkrankte und Wien für einen fast zweijährigen Kuraufenthalt verließ. Während ihrer Abwesenheit entwickelte die Kaiserin ein wachsendes Selbstwertgefühl und reifte zu einer wahren Schönheit heran. Selbstbewusst und rücksichtslos stellte sie dem Kaiser ein Ultimatum und erpresste bedingungslose Selbstbestimmung über ihr Leben (Kapitel 4-5). Fortan widmete sie sich einzig und allein ihren privaten Angelegenheiten. Um ihre Schönheit trieb sie einen regelrechten Kult. Stundenlanges frisieren, ein exzessives Sportprogramm und permanente Hungerkuren bestimmten ihren Tagesablauf – der Provokation der feinen Wiener Gesellschaft damit bewusst. Sozialen Aufgaben einer „Landesmutter" und Repräsentationspflichten kam sie nicht nach. Für aktive Politik zeigte Elisabeth kein Interesse, mit Ausnahme ihres persönlichen Einsatzes beim ungarischen Ausgleich, der die Doppelmonarchie Österreich-Ungarn zur Folge hatte. Freilich war sie sich vorab der Wiener Antipathie gegenüber Ungarn bewusst. Aller Kritik an ihrer Person zum Trotz nahm sie die Vorzüge ihrer hohen Stellung und der damit verbundenen finanziellen Unabhängigkeit in vollem Ausmaß in Anspruch. Kostspielige Reitjagden in England und Irland sowie der Kauf der besten und erlesensten Rennpferde verschlangen Unsummen des kaiserlichen Privatvermögens (Kapitel 5-8). Besonders die nachfolgenden Kapitel 9-13 sind für die Konstruktion des neuen Sisi-Bildes entscheidend, da sie die 1880er Jahre umfassen, also das Jahrzehnt, in dem Elisabeth ihr poetisches Tagebuch verfasste. Es war zudem die Zeit ihrer Griechenlandliebe, der großen Verehrung des am Wiener Hof verschmähten Heinrich Heine und der Flucht in spiritistische Träumereien. In einer selbstgeschaffenen Isolation, einsam und vollkommen unfähig Kontakt zu anderen Menschen aufzubauen, suchte sie Trost in ihren Gedichten. Als Inkarnation der Feenkönigin Titania aus Shakespeares „Sommernachtstraum" und verspottete sie das Haus Habsburg als *„schellentragende Narren"*, (S. 468/69) und die Monarchie per se als *„Vergang'ner Pracht Skelett"* (S. 481). Als Gattin eines stark militärisch denkenden Kaisers grenzte sie sich als Pazifistin und scharfe Kritikerin des Militärs zusätzlich von der, ihr eigentlich zugedachten Rolle als Aristokratin ab (*„Wer weiss! Gäb's keine Fürsten, gäb es auch keinen Krieg"*, S. 479). Vollkommen mit sich selbst beschäftigt, war sie weder für die Gefühle ihres Gatten (für den sie eigenhändig eine Liaison mit einer 23 Jahre jüngeren Schauspielerin arrangierte) noch für die Seelennöte ihres Sohnes empfänglich, der 1889 Selbstmord beging. Tief depressiv und von Selbstvorwürfen geplagt, reiste Elisabeth fortan ziellos durch die Welt. Eine Flucht vor Wien, vor der Öffentlichkeit und letztendlich vor sich selbst. Die Odyssee nahm 1898 in Genf ein Ende, als die dem Lebens zutiefst überdrüssige Kaiserin von einem italienischen Anarchisten ermordet wurde (Kapitel 14).

Der Darstellung von Selbstverwirklichung, Abgrenzung, Provokation und Rebellion als zentrale Inhalte in Elisabeths Leben wird Brigitte Hamann in ihrer Biographie gerecht. Durch akribische Quellenarbeit kann Hamann ihre Thesen belegen und erläutern. Obwohl Kaiserin Elisabeth als Person im Mittelpunkt des Buches steht, beleuchtet die Autorin auch die politischen Hintergründe sowie gesellschaftliche Strukturen und Denkweisen der damaligen Zeit. Wer meint, ausschließlich etwas über die Kaiserin zu erfahren irrt. Die Italienkrise 1859 mit der Niederlage von Solferino nimmt z.B. den Großteil des dritten Kapitels ein. Das sechste Kapitel steht fast ausschließlich im Kontext politscher Ereignisse (der Preußisch-Österreichische Krieg mit der entscheidenden Schlacht von Königgrätz 1866, die politischen Verhältnissen zwischen Österreich / Ungarn und dem Entstehen der Doppelmonarchie). Auch die k.u.k. Außenpolitik wird ausführlich thematisiert, so z.B. die Beziehungen zwischen Österreich und dem deutschen Kaiserreich sowie die Balkanpolitik mit dem russischen Zarenreich. Neben poltischen Hintergründen befasst sich die Autorin auch detailliert mit weiteren Personen aus dem kaiserlichen Umfeld, wie z.B. mit Elisabeths Schwager Erzherzog Maximilian, der, von Napoleon III. beeinflusst, die mexikanische Kaiserkrone annahm, scheiterte und letztendlich hingerichtet wurde. Auch die Lebenswege von Elisabeths Geschwistern, ihrem Cousin Ludwig II. von Bayern und weiteren Familienmitgliedern werden beschrieben.

Für den Leser, der sich ausschließlich für die Person Sisi interessiert dürften die Schilderungen der politischen Verhältnisse zu langatmig und detailliert erscheinen. Wahrscheinlich würde er die Seiten überschlagen oder zu einer weniger kompakteren Biographie greifen.

Verbesserungswürdig wäre das Inhaltsverzeichnis, in dem zwar die weiteren Unterkapitel aufgeführt sind, aber nicht auf die entsprechenden Seitenzahlen verwiesen wird. Da aber jedes Hauptkapitel durchschnittlich nur eine Länge von etwa 50 Seiten aufweist und die Unterkapitel thematisch „ineinanderfließen" sollte sich daraus eigentlich kein Orientierungsproblem für den Leser ergeben.

Brigitte Hamann ist es mit dieser Biographie gelungen ein wissenschaftliches Buch zu schreiben, dass ohne viele komplizierte Fachausdrücke auskommt. Auf eine verständliche sowie historisch präzise Art und Weise gelingt es ihr, die Legende der österreichischen Kaiserin zu beleuchten und das „Sissi"-Klischee zu beseitigen. Durch Hamanns persönliche Distanz zu der porträtierten Figur und der damit verbundene neutrale Umgang mit den Quellen entsteht ein anderes, monochromes und ambivalentes Bild der österreichischen Kaiserin.

Nun stellt sich jedoch die Frage, ob Hamann so etwas vollkommen anderes macht als die Filmemacher der Sissi-Trilogie oder Corti in seiner Biographie. Im Grunde schreibt sie das Leben einer Frau nieder, um die Sehnsucht des Publikums nach der „wahren" Person Elisabeth zu stillen. Doch kann man wirklich das „wahre" Leben eines Menschen aufzeigen?

Trotz dieser Diskrepanz kommt alle nachfolgende Literatur, die sich mit Kaiserin Elisabeth befasst, nicht umher, sich auf Hamanns Werk und den Gedichten als Quellengrundlage zu berufen.

In ihrer Biographie hat Hamann quasi alles über die Kaiserin gesagt. 2010 erschein mittlerweile die 12. Auflage von „Kaiserin wider Willen", zudem wurde es bereits seit der 1. Auflage 1982 in zahlreiche Sprachen übersetzt. Nachfolgende Autoren blieb nur die Möglichkeit sich mit speziellen Ereignissen in Elisabeths Leben zu beschäftigen. So entstand eine Vielzahl von Büchern, die sich z.B. ausschließlich mit Elisabeths Ernährungsgewohnheiten, ihrer Garderobe, ihren Männerbeziehungen etc. befassen. Dass Brigitte Hamann nicht nur als Habsburg-Expertin gilt, hat sie mit weiteren Erfolgsbüchern, z.B. über die Wiener Jugendjahre Hitlers, Winifred Wagner, Bertha Suttner oder auch Eduard Bloch, gezeigt.

Nach vielen anderen Ehrungen erhielt Brigitte Hamann im Jahr 2003 den Erst-Robert-Curtius-Preis. Die Jury begründete ihre Entscheidung für die mit 8000 Euro dotierte Auszeichnung damit, dass es Hamann in einer herausragenden Art gelinge, auch wissenschaftlich komplexe Hintergründe allgemeinverständlich darzustellen. Die bisherigen Preisträger waren unter anderem Golo Mann und Friedrich Dürrematt, um nur einige zu nennen. 2006 wurde sie mit der Ehrenmedaille der Stadt Wien in Silber ausgezeichnet.

Seit Hamanns Quellenfund und der Neuschreibung von Elisabeths Leben, stagniert die Sisi-Forschung. Nach dem Tod Otto von Habsburgs im Sommer 2011, hofft man nun, dass seine Angehörigen womöglich das gesamte Familienarchiv für zumindest ausgewählte Historiker freigeben. Der Sohn des letzten Kaisers von Österreich-Ungarn gewährte zeitlebens nur Einblicke in ausgewählte Teile des Familienarchivs.

Wer weiß – vielleicht muss die Biographie der Kaiserin Elisabeth an einigen Stellen erneut geändert werden.

Autor(in): Hamann, Brigitte
Titel: Elisabeth. Kaiserin wider Willen
Ort: Wien / München
Jahr: 1981

Gebundene Ausgabe
Verlag: Amalthea
ISBN: 38 500 21475
Preis: 29,90 €

Taschenbuch
Verlag: Piper
ISBN-10: 3-492-22990-5
Preis: 14,95 €